L41
866

Lb 41 866

COPIE

DE LA LETTRE ÉCRITE

AU DÉPARTEMENT DE CORSE

ET

A LA CONVENTION NATIONALE,

PAR LE CITOYEN CONSTANTINI,

A l'occasion des dépêches expédiées à la Convention, par le représentant du Peuple, LA COMBE SAINT-MICHEL, sur les tentatives faites par les Anglais, dans l'Isle de Corse.

A PARIS,

Le septième jour du deuxième mois de l'an second de la République française.

COPIE
DE LA LETTRE ÉCRITE
PAR LE CITOYEN CONSTANTINI,

Aux membres composant le ci-devant Conseil-général du département de Corse.

CITOYEN PRÉSIDENT,

Si je ne vous ai point écrit depuis le 24 août dernier, c'est que je n'avois rien de consolant à vous apprendre ; et ce n'auroit pas été une nouvelle assez intéressante pour vous, que de vous annoncer l'impression de ma correspondance et des mémoires présentés en votre nom, à la convention nationale et à son comité de salut public, et leur distribution à la convention nationale.

Un objet plus important avoit déterminé mon silence ; j'espérois de jour en jour que quelque dépêche, de votre part, viendroit me consoler au fond de la prison dans laquelle j'ai été précipité, depuis cinq semaines, pour avoir servi vos intérêts avec chaleur, dans la ferme persuasion où j'étois que vous n'auriez pas surpris ma religion et violé vos sermens.

Aujourd'hui, une lettre fatale, écrite à la

convention nationale, par le représentant du peuple en Corse, (la Combe St.-Michel), datée de Calvi, le premier de ce mois, frappe mes oreilles, et ajoute, par la vive impression qu'elle fait sur mon ame, un nouveau poid à mes chaînes. (N°. Ier.)

" Je n'aurois jamais dû m'attendre qu'un département qui avoit arboré l'étendard de la liberté, auroit fléchi le genou devant celui de l'esclavage et de la tyrannie, et que le ci-devant général Paoli, à l'âge de soixante-dix ans, auroit flétri ses lauriers et compromis la gloire de deux cents mille habitans, en donnant des secours aux Anglais, qui n'ont eu de force que par la trahison. (1)

―――――――――――――――――――

(1 Le feu sacré de la liberté n'est pas, à beaucoup près, éteint en Corse. Le courage vigoureux qu'ont déployé les habitans des villes de Bastia, Calvi, St-Florent, Barbagio et Furiani, etc. en repoussant les Anglais qui avoient tenté une descente sur St.-Florent, est une preuve non-équivoque de la continuation de leurs sentimens patriotiques et de leur attachement à la République Française.

Cette contenance intrépide est un sûr garant que les citoyens égarés par des suggestions perfides, ne tarderont pas à reconnoître leur erreur et à diriger leurs armes contre les satellites des tyrans.

Est-ce donc-là le fruit des sacrifices sans nombre que vous avez fait pendant la révolution ? et n'auriez-vous marché dans le sentier de la justice et de l'humanité, que pour faire prononcer désormais votre nom avec ignominie, et prouver que vous êtes inaccessibles aux charmes de la liberté et de la vertu ?

Dans cette hypothèse, les succès de la trahison seront passagers, et l'exemple que vous avez sous les yeux, de la reddition des villes rebelles, les préparatifs formidables de l'armée française qui marche sur Toulon, le courage de vingt-cinq millions d'hommes qui ont fait serment de s'ensevelir sous les débris de la République, plutôt que de transiger avec les despotes et les tyrans ; tant d'élans sublimes de patriotisme doivent vous annoncer les malheurs prêts à fondre sur notre pays ; si, par un retour qui honore les personnes égarées, elles ne s'empressent de reconnoître leur erreur, et implorer la clémence de la convention nationale.

Il en coute sans doute à mon cœur, de prophétiser votre infortune ; mais le coup-mortel que vous avez porté à la liberté, qui étoit précédemment votre idole, m'impose la dure nécessité de vous instruire que le tonnerre gronde, et que la foudre est prête à éclater sur votre tête....

A ces traits de courage, vous jugerez combien

il est douloureux pour moi de vous avoir représenté à la convention nationale, en qualité de député extraordinaire : aussi vous remets-je dès ce moment, vos pouvoirs, dont je ne peux, ni ne dois plus faire usage, puisque vous vous êtes séparés d'un peuple généreux et brave, qui vous avoit associé à sa gloire et à son bonheur.

J'ai fait part de ces dispositions à la convention nationale, comme vous le verrez par la lettre ci-jointe (N°. 2).

Il y a long-temps que j'aurois cessé de défendre les intérêts du département de la Corse, si vous ne m'eussiez exposé, avec énergie, votre dessein d'être toujours unis à la mère-patrie ; si vous n'eussiez demandé avec instance, à la convention nationale, justice des vexations dont vous aviez à vous plaindre de la part de ses mandataires ; si je n'avois été instrui, *indirectement*, de la réunion à *Corte* de mille et tant des députés des assemblées primaires, qui, d'une voix unanime, avoient renouvellé le serment de vivre libres ou mourir Français républicains, et de ne jamais laisser envahir leur territoire par aucune puissance coalisée contre la république.

Mais ce qui me console, au milieu des regrets cuisants qui me dévorent, de voir mon pays en proie aux horreurs de la guerre civile, c'est que dans tous mes écrits, dans toutes mes actions politiques, je n'ai eu en vue que de défendre les vrais principes de la liberté : mon ame s'est conservée pure, et je défie homme qui vive sur la terre, de dire que je me suis laissé séduire par l'or et les promesses.

Tout ce que j'ai fait pour mon département, je m'y suis déterminé, et par respect pour vos ordres, et par l'amour de l'intérêt général : c'est là où je trouve la consolation de toutes mes peines, de toutes mes démarches, de mes soins infatigables pour assurer, par tous les moyens qui étoient en mon pouvoir, la liberté de mon pays, et son attachement à la république française.

La justice que vous avez rendue à mon patriotisme, en m'honorant de votre confiance, fut pour moi un nouveau éguillon pour m'en rendre digne ; et c'est précisément la pureté de mon civisme, dont vous trouverez des preuves dans l'extrait ci-joint (N°. 3), qui me donne des armes puissantes pour vous reprocher, en caractère de sang, votre indéférence à mon égard, ainsi que de mon infortuné collègue, le citoyen Ferrandi.

Si la vérité que je vous dis, dans l'effusion de mon cœur, étoit dans le cas de vous blesser, je regarderois vos maux incurables ; mais s'il est vrai que vous fûtes autrefois animés des sentimens que vous avez exprimés dans vos écrits : s'il est vrai, si je pouvois croire à votre repentir, je me féliciterois encore de vous avoir parlé avec courage ; et quoique j'aie encouru la sévérité du comité de sûreté générale de la convention, pour avoir soutenu votre cause ; quoique je gémisse dans une maison d'arrêt, pour avoir été chargé de vos pouvoirs, j'oublierois que je suis victime de l'erreur de mes commettans, si j'avois le bonheur d'apprendre qu'ils ont enfin ouvert les yeux à la lumière, et qu'ils sont rentrés dans le chemin de l'honneur et de la vertu.

Au reste, quelque soit la durée des maux que vous avez provoqués sur vous, en favorisant les entreprises audacieuses des Anglais, j'ose présumer du sentiment qui est inné à tous les hommes, que vous vous rappellerez d'un citoyen qui vouloit si sincèrement votre bonheur ; d'un citoyen qui a trouvé dans son zèle et l'amour de la patrie, la récompense de ses travaux ; d'un citoyen qui ne forme encore des vœux que pour la prospérité de votre pays ; et par une suite de la confiance dont vous m'avez cru digne jusqu'à ce jour, j'ose espérer que vous mettrez, sous votre loyauté, les auteurs de mes jours, septuagénaires, mes parens, et leurs propriétés qui me touchent bien moins encore que leur existence.

Si, par impossible, vous vous vengiez sur eux de mon courage incorruptible, je n'en serois pas moins déterminé à soutenir jusqu'au tombeau la cause impérissable de la liberté et de l'unité et indivisibilité de la république française.

CONSTANTINI,

ci-devant député extraordinaire du département de Corse.

Paris, de Ste.-Pélagie, le 30me. jour du 1er. mois de la 2me. année de la République française, (20 8bre. 1793, (vieux style).

(N°. 1.)

Calvi, le premier octobre.

Le Représentant du Peuple français, Lacombe-St-Michel, *délégué en Corse par la Convention au président de la Convention.*

« Ma lettre du 16 septembre a dû vous informer de la réponse que j'ai faite à un parlementaire anglais, que j'ai refusé de recevoir. Après m'avoir coupé toute communication par mer, avec St.-Florent et Bastia, des vaisseaux anglais ont été porter la même sommation à ces deux villes. J'ignore quelle a été la réponse des officiers qui y commandent ; mais j'aime à croire qu'elle est républicaine.

„ Les Anglais, après avoir examiné Calvi et St.-Florent, ayant jugé cette dernière place d'un plus facile accès que la première, se sont déterminés à l'attaquer. L'attaque étoit concertée avec

Paoli, qui étoit descendu de Corte à Murato, où prudemment et à son ordinaire, il s'étoit tenu loin du feu pendant deux jours. Deux vaisseaux ont canonné la batterie de Fornelli, dans le golfe de St.-Florent. Leonetti, ex-législateur, commandoit les forces de terre, et avoit avec lui quatre pièces de campagne, que les Anglais avoient à bord. Le feu a été vif. Nous n'avons, à ce que je crois, perdu aucun Français; les Anglais avouent avoir perdu dix-sept hommes, et ont eu nombre de blessés, au nombre desquels se trouvent un capitaine de vaisseau, et Masseria, ami de Paoli, et en grade chez les Anglais.

,, Un fort orage étant venu pendant le combat, les Anglais se sont rembarqués : ils avoient laissé les quatre pièces de campagne aux Corses. Pendant la nuit, les Français ont fait une sortie de Fornelli ; ils ont attaqué, chassé les Corses, et leur ont pris les quatre pièces de canon.

,, Dans la même journée, les Corses ont attaqué St.-Florent, *Patrimonio*, *Barbagio et Furiani* ; ils ont été repoussés de par-tout avec perte. Je tiens ces détails par la voie de l'intérieur et par des hommes affidés que j'ai envoyés dans le Nebbio.

,, Voilà ces hommes qui ont envoyé à la barre un Ferrandi, un Constantini, déclamer contre moi et mes collègues, et protester que l'administration rébelle et Paoli vouloient être

Français. J'envoie au comité de salut public un imprimé très-curieux.

" J'attends avec impatience que les Anglais et les sujets fidèles de *Pascal premier* viennent à Calvi. Les ennemis savent sans doute que toute l'artillerie de cette place est malade : mais j'y suis ; j'exerce tous les jours deux cent dix canonniers qui leur feront plus du mal qu'ils ne pensent ".

Pour copie conforme à celle rapportée dans le n°. 393, du Journal des Débats et des Décrets.

CONSTANTINI.

(N°. 3.)

Copie de la lettre écrite à la Convention Nationale.

Paris, le 26e. jour du 1er. mois de la 2e. année de la République Française.

CITOYEN PRÉSIDENT,

Lorsque je me suis chargé des pouvoirs du conseil-général du département de Corse, je n'ai jamais eu l'intention de le servir, qu'autant qu'il seroit fidèle au serment qu'il avoit fait, d'être uni à la République Française.

Aujourd'hui, instruit par les papiers publics,

qu'il s'est formé un parti, secondant les projets des Anglais, et dont je ne puis douter, d'après le rapport qui vient d'être fait à la convention nationale ; je déclare avec courage, que je désapprouve tout ce qu'ont pu entreprendre mes commettans, et le ci-devant général Paoli, de qui je n'ai pas reçu de nouvelles, directement ni indirectement depuis vingt mois.

En conséquence, comme je ne suis attaché qu'aux principes de la liberté et de l'égalité, j'abandonne les hommes qui sont assez lâches pour les trahir.

Pour vous prouver, citoyens représentans, combien je suis indigné contre les traîtres qui ont porté secours aux Anglais, il est de mon devoir de dire que, dès ce moment, je cesse de représenter le département de Corse en qualité de député extraordinaire ; et, par cet aveu, je ne fais que remplir l'engagement que j'avois contracté avec mes commettans, dans le cas qu'ils ne seroient pas unis à la République.

Je suis detenu depuis un mois à Ste.-Pélagie, *comme suspect*, en vertu d'un ordre du comité de sûreté générale de la convention, quoique je n'aie cessé de prouver, par mes actions et mes écrits, mon attachement à la cause du peuple, depuis dix ans que je suis domicilié à Paris, (ce qu'atteste la section de la Halle au Bled, en rendant justice à mon civisme); je voudrois expier, par une détention perpétuelle, les outrages que les factieux de Corse ont fait à la République; et un desir qui n'est pas moins cher à mon ame, seroit celui d'éclairer mes compatriotes sur les manœuvres dont ils sont les victimes.

Puissent ces sentimens, pour lesquels il me seroit doux de répandre jusqu'à la dernière goutte de mon sang, ces sentimens qui sont ma seule consolation, au milieu des persécutions injustes que j'éprouve; puisse cette profession solemnelle de mon amour pour la liberté, convaincre la convention nationale des vœux sincères que je forme pour le retour de mes concitoyens égarés, pour le triomphe de nos armées, et pour le maintien de l'unité et de l'indivisibilité de la République Française!

Recevez, citoyen président, l'hommage de ma vive et respectueuse fraternité avec laquelle je suis,

Votre concitoyen,

CONSTANTINI,

(cidevant député extraordinaire du département de Corse).

(N°. 3.)

Les membres composant le comité de surveillance de la section de la Halle aux Bleds, réclament auprès des citoyens représentans du peuple, composant le comité de sûreté générale de la convention, en faveur du citoyen Constantini, l'un de leurs concitoyens, arrêté la nuit du 19 au 20 du présent mois, en vertu d'un ordre du comité de sûreté générale, et conduit à la maison d'arrêt de Sainte-Pelagie, comme suspect.

D'après l'examen scrupuleux, et vérification faite de tous ses papiers, par nous commissaires, duquel il n'est rien résulté qui puisse nous le faire considérer comme tel. Depuis plus de deux ans que ce citoyen habite notre section, il n'a cessé de donner les preuves les moins équivoques d'un excellent et zélé patriote, tant par ses actions (2) que par ses écrits, lesquels respirent le plus pur républicanisme (3), ce qui

---

(2) Il est de fait que le citoyen Constantini a fait plusieurs dons patriotiques dans sa section, et qu'il a armé et équipé à ses frais, trois volontaires, *savoir* : deux en septembre 1792, et le troisième en avril dernier, lesquels sont partis pour les frontières, sous les drapeaux des bataillons de la section de la Halle aux Bleds.

(3) Lors de la levée des scellés apposés sur les pa-

lui a valu le suffrage des citoyens de sa compagnie, qui l'ont porté au grade de lieutenant, et qui l'ont continué dans ce grade, lors de la nouvelle nomination.

Pourquoi, et d'après tous les rapports, nous prions les membres du comité de sûreté générale de faire droit à notre réclamation, en ordonnant la liberté du citoyen Constantini, et avons chargé le citoyen Cottereau, l'un de nos collègues, soussigné, de suivre notre réclamation auprès du comité de sûreté générale, pour en obtenir l'effet.

Fait au comité, le 28 septembre 1793, l'an

---

piers du citoyen *Constantini*, (l'un des commissaires nommés par la société des Jacobins, pour faire la lecture de la fameuse pétition du Champ-de-Mars), on a trouvé un journal intitulé, *la Feuille du Jour*, dans laquelle le citoyen *Constantini* étoit particulièrement dénoncé et traité de brigand, etc. etc.

Certes, celui qui, à cette époque, a été abreuvé d'outrages par les publicistes aux gages d'une cour contre-révolutionnaire; celui qui a été décoré du titre honorable de *factieux*, pour avoir demandé la déchéance du tyran; celui qui n'a rempli cette auguste mission qu'à travers les bayonnettes et le canon des satellites du despotisme, celui-là, sans doute, a droit de se dire républicain.

deuxième de la République française, une et indivisible.

Signés, COTTEREAU, SIMON, BOCQUEAUX, ALBERT, FILLEAU, PETIPAS, BRUNET, FILLION, CHANEZ.

Pour copie conforme à l'original,

CONSTANTINI.

(N°. 4.)

A Paris, (de la maison d'arrêt de Ste.-Pélagie) le 1er. du 2me. mois de la 2me. année de la république française.

CITOYEN PRÉSIDENT,

J'ai l'honneur de vous adresser la copie de la lettre que j'ai écrite hier au département de Corse.

Je vous prie, après en avoir pris connoissance, de vouloir bien en faire le renvoi au comité de sûreté générale de la convention ; il jugera, à la lecture de cette dépêche, de mon attachement pur et inviolable à l'unité et indivisibilité de la République française, et combien je suis injustement persécuté.

Je suis avec respect, votre concitoyen,

CONSTANTINI.

De l'Imprimerie des 86 départemens et de la Société aux Jacobins.

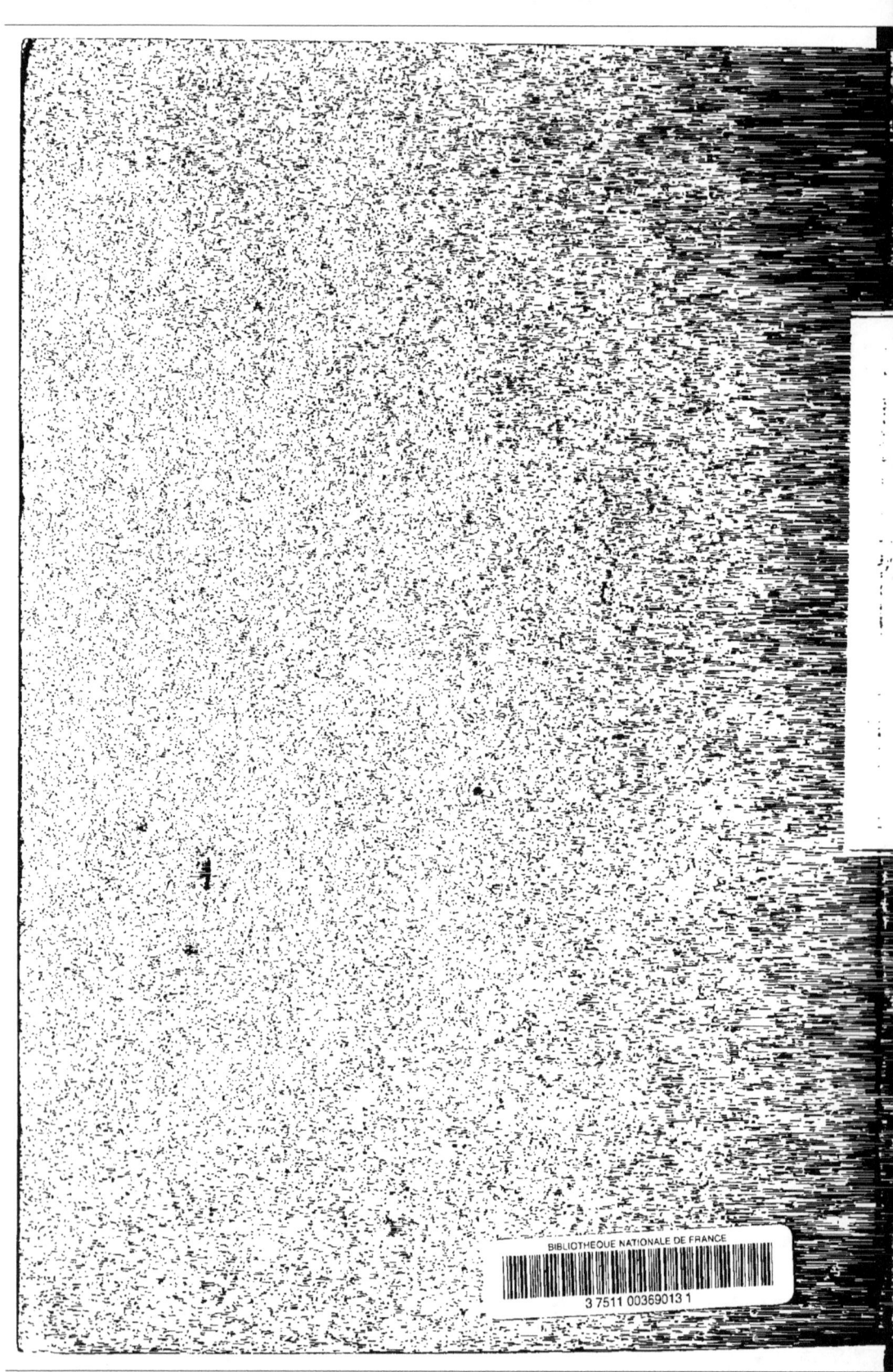

www.ingramcontent.com/pod-product-compliance
Lightning Source LLC
Chambersburg PA
CBHW070533050426
42451CB00013B/2988